2DO LIBRO

ENTRE RISAS Y LÁGRIMAS

VUELOS DEL ALMA

AUTOR, LILIAN CAMPOS.

POETISA.

REPÚBLICA ARGENTINA.

PRÓLOGO Y BIBLIOGRAFÍA

Nací en Bs As Argentina en la ciudad de La Plata un 24-01-1949, pasada la medianoche, abrí los ojos a la vida mirando las estrellas, la luna y un bello cielo de un verano pleno. Nací enamorándome de aquel bello paisaje que se mostraba a mis ojos deslumbrándome la vida.

Desde pequeña amé todas las artes y estudié danzas clásicas y españolas destacándome más en bailes españoles y gitanos, la danza del fuego y la danza de los celos y destaqué en las letras a los 13 años haciendo pinitos, siempre en composiciones en lengua castellana, incursiones un poquito en música, piano y guitarra, en artes plásticas y pintura ya en secundaria con buenos logros, pero ahí quedó todo; una pausa adolescente.

Retomé las letras, si así las puedo llamar, en donde ustedes juzgarán mejor que yo con mi primer libro: Poesías y prosas desde el alma siendo un hijo parido con dolor y en donde hoy les hago entrega además del segundo parto: Entre risas y lágrimas desde el alma, puedo decir que este es más maduro, ya con un camino recorrido y de la mano maravillosa de mi editora: Sonia Crespo quien estuvo conmigo siempre. Aquí les dejo risas, lágrimas, valentía más allá del silencio y vuelos del alma con mis humildes letras. Este segundo libro es muy especial pues hay una poesía traducida al árabe ,francés, italiano, inglés, polaco y ruso. No hay distancias, las letras no puedan acortar y hoy ,aquí en sus manos, está el testimonio.

LILIAN CAMPOS

País: Argentina.

ÍNDICE

- **NADA DE NADA**

- **PIES DORADOS**

- AMORES MUERTOS
- ANCLAR
- DOS PALABRAS
- ME GUSTAS
- TUVE MIEDO
- AMIGO AMANTE, AMANTE AMIGO
- SILENCIOS DORMIDOS
- SUEÑOS DORMIDOS
- AMOR MÍO
- SUJÉTAME
- TE SEMBRARÉ EL ALMA
- UNA LOCURA MÁS
- NAVEGANDO
- SÍ, TENGO MIEDO
- ABRÍ LA PUERTA
- DÉJALA ABIERTA
- DESENLACE
- TE AMO

ESTA NOCHE

Esta noche vestiré tu piel,

peinaré esa luna de plata y cubriré tus cabellos

en rayos vertidos.

No habrá piedad ni espera,

estaré con mi piel

sobre tu piel desnuda.

Borraré viejos besos

que ya no sientes vivos;

los míos en flama ardiente,

sellará cada poro tuyo

y sudarás amor sin notar

mi cuerpo expectante.

Dormirá tu recuerdo

y traeré a tu ser;

pasión, lujuria,

magia y embrujo.

Seré tu ángel en rescate,

tu demonio en ciernes,

locas alboradas sorprenderá

el cielo sin estrellas y sin luces.

Yo seré tu sol,

en mi ser dormitará tu presente,

regresarás a mis brazos,

una y otra vez.

Te perderás,

haciendo piruetas con mis caderas,

aprenderás el lenguaje a tu ser

y mi ser dulcemente te guiará.

LA LUNA CÓMPLICE

Me gusta, sí, me gusta,
como huele tu cuerpo
sobre la arena mojada.

Me gustan tus besos que saben a mar,
sal que cultiva mis instintos
y me arrastra al cautiverio
de tu cuerpo desnudo.

Me gusta la luna ocultando
tan pícara cómplice de noches
y donde el amor se viste de arrebol.

En suaves notas, las olas nos llaman,
hundirnos en aguas tibias profundas,
el amor es poesía en tus brazos
y yo soy entrega en aguas serenas.

Tan solo la luna nos mira, sonríe,

aprobando cada beso, cada entrega

y hasta el último suspiro celebra jubilosa,

otros amantes unidos bajo su luz en playas solitarias.

Un día, una noche y un amor en demasía.

SIN NOCHES OSCURAS, NI DÍAS NI SOL

Visto en otra piel,

fue tu amor de fuego;

me arropaste, me preguntas

siendo mi nombre por respuesta.

Correcta, eliges el segundo;

desde ese instante

soy otra, solo tuya,

nombrada en tus labios,

acariciada en tu voz,

en tus pupilas descansa

este amor envuelto en azules celestes.

Encanto,

en tus ojos mirando,

con ternura los míos,

un atisbo de pasión asoma,

haces el amor con la mirada

y besas con palabras hechizadas de gozo y ...

vuelta la insensatez,

regresando el amor,

vuelves a nombrar;

me cantan los cielos.

Truena el viento,

brama el mar,

ese mismo mar

que nos desnudó las ansias,

en sus aguas cristalinas.

Besos de miel cubiertos de sal,

pieles ardiendo en sol tropical,

noches de plenilunio murmuran,

al vernos amando descubierta,

el alma vestida de mar;

una forma nueva,

una piel vestida de sueños,

el viejo nombre dejó tras de sí,

solo olvidos se llevó el tiempo.

Hoy, en este nuevo amanecer, visto para ti nueva piel
de vida,

SE MUDÓ EL AMOR

Mudé de piel

y decidí mudar de casa el amor.

Le busqué un corazón seguro

Y él se hizo dueño de mis tiempos.

Es presente aún en noches,

de noches oscuras

hace auroras boreales

cuando el libro

editado en mi piel

lo descubre en los pliegues dormidos.

En añejas soledades, soy a su ser,

su precioso tesoro; hay dimensiones

en la esquina de ansias, deseos y ganas

que solo fue descubriéndolas en humedales añorados

regando el jardín de su boca

hambrienta, siempre anhelante;

Juega, lee cada letra y descifra cada suspiro;

su vocablo empeña en inventar un movimiento,

un silencio, sonrisa glotona y bebe saciando un momento

Da vuelta a la hoja,

otra página ,otra sensación,

inventa, regresa insaciable,

acomete entre vaivenes.

Sube al seno del amor,

baja para resucitar a los muertos,

es vital, es único;

más es águila, gorrión, ansias, deseo, amor;

se adueña.

Marca territorio y no hay vacíos,

despierta en un beso jugando los labios profundos.

Es un beso haciendo del amor, mediodía,

una sonrisa encendida, es el atardecer.

Preludio de noche intensa,

así vuelve a su libro,

 leer entre su boca, aliento y tibieza,

enloquece a los sentidos,

¿soñar despierta, dormir ?

Si, cuando se acabe la vida,

hoy se ha mudado de casa,

habita peregrina, bella sutil enamorada,

un espacio y un sueño hecho realidad.

.

ECLIPSE DE LUNA

¿Quien vio la luna, llorar en sangre,

lágrimas de amor?

La vi derramar en torrentes,

ensangrentada doliente,

le dije en un suspiro;

exhalo mi alma.

Tu distancia se acorta,

en eclipse te colmas,

más yo perdida en nostalgias

ni mirar puedo,

no varía distancias,

es el amor el que se ha ido.

Duermen caricias añejas,

besos sin despedida,

guardados en toneles vacíos,

arrugadas las madrugadas ,

desveladas las auroras,

trasnochados tantos sueños.

—No llores, señora luna,

Tu amante regresará

ya rota mi alma,

de olvidos murió,

cuando creemos,

la distancia se agiganta,

más cerca, si, más cerca estamos.

Se rompen barreras,

la voz crece, atraviesa,

sin pausa ni límites lejanos, pero...¿no será tarde?,

como cambiar el rumbo,

dar vuelta a la hoja,

¿y empezar de nuevo?,

¿y el ayer dónde quedó?

Darle tiempo al tiempo,

ver donde se posa el ancla,

si remonta vuelo o corre

praderas inciertas,

nuevamente lejanas,

o tal vez el barco,

tiene ya timonel.

El jardinero cortará las rosas,

sin nido quedará el colibrí,

¿Cómo regresar al ayer

aunque el corazón grite?

"Déjame latir esta ilusión".

Regresas peregrino de letras,

Esclavo de la tinta,

un tal vez solloza el alma,

dejes plasmado un viaje,

al antiguo papel en blanco

lo llenes y a tu amor retomar.

AYER, HOY

Si supieras cuánto te amo,

antes de encontrarnos,

mi alma te presentía,

visitaba mi sueño,

en tu piel, la mía vivía.

Si supieras cuánto te amo,

vuelas el tiempo,

me lleva a tus brazos,

antes de ti era silencio,

soledades muertas de frío.

Tu ser trajo luz, calor y verdad;

si supieras cuánto te amo.

Cada noche tú duermes conmigo,

me arrullas en cada abrazo tuyo;

duerme preciosa,

descansa mi amor.

Son noches de eterna ternura, de besos cálidos y
sublimes,

de manos estrechadas siempre;

si supieras cuánto te amo.

Somos dos almas unidas,

no solo sudores de instantes entregados,

son amaneceres, un café y un buenos días,

es esa flor en mi almohada,

es tu sonrisa diciendo que todo está bien

y tus palabras resuenan mi interior,

¿y sabes, amor mío?

Tu entrega y la mía juntas

es el vuelo en las manos y en la piel;

si supieras cuánto te amo.

Yo sé cuanto tú me amas,

Si cielo mío, vida mía,

lo sé, lo sé, lo sé.

SI SUPIERAS

Secas quedaron las amapolas,

entre el verdor del campo,

así secaron los silencios.

Los recuerdos guardados en el alma mía,

ni las mariposas se posan ya en el jardín,

donde sentados en el viejo banco

decías amarme para toda la vida.

Al marcharte quedó callada,

cada cita sonaba en el cielo azul

y soleado,

ni las liras de ángeles cupidos,

sus flechas lanzan a tierras vacías,

no hay notas en el cielo,

en la tierra es silencio y pena .

Rodando va la magia de tus palabras,

que un día a mis oídos brindó amor,

llega la más oscura impiedad

y mi ser descartado en tinieblas cubrir.

NO SABES NADA

Intenté dormir la noche,

en un hueco de tu alma,

encontré vacío tu pecho,

nada existía en ese interior.

Entre órganos y sangre,

tu ser sin espacios,

no vertió sentidos,

ni sueños trasnochados.

Si tu cerebro sacaba cuentas,

entre horas muertas sin vivir,

gritaban tus pupilas;

ríete, payaso, tu comedia,

seguirán escenarios sin vida,

sin espacio dejar entrar;

un alma te haga vibrar.

Dos amargas lágrimas,

desbordaron mis ojos,

verte tan vacío, tan nada,

tan solo y ofreciéndote todo.

Tu elegiste nada,

porque 2+2 son 5;

esa es tu cuenta,

siempre errada.

Entre vuelos de amores,

las cuentas son besos,

son momentos,

son caricias...

¿Para qué gastar más tinta

Si tú, de amores,

no sabes nada?

CORAZÓN ENAMORADO

El corazón no se rompe,

quien sin sentido,

pudo jurar ser real.

Roto, tan roto quedó,

durmiendo se dé a poco,

los pedazos van camino,

ser en fría tierra bajo lápida,

de dolores interminables.

Un alma volará a su esencia,

cuál pájaro herido de muerte,

no se llevará un jazmín, no.

Nada, tan solo pedazos,

Trozos, dolores, penas, desengaño,

un mar sin sabores y mil lágrimas,

ni un último beso,

el primero, jamás se dio,

lloro como el gorrión,

sin su nido encontrar,

dejando hecho en pedazos, muerto, roto...

Sí, roto, el corazón enamorado.

EL ROSAL

Te fuiste un atardecer,

y solo me dejaste;

el rosal esta triste,

ya no quiere florecer.

Desde que te marchaste,

mis noches son frías,

me falta tu calor,

tan llenas de agonía,

que lloro noche y día,

por la falta de tu amor.

Te fuiste lejos de aquí,

hacia otros lugares,

cruzaste los mares,

y me quede sin ti,

y está triste mi jardín,

ya nada es igual,

las rosas se marchitan

y llegarán a su fin.

Ya no quiere florecer,

está triste mi rosal,

el embrujo de tus besos,

el calor de tu cuerpo,

mi sangre fluye en mis venas,

cuando a hurtadillas,

asomas bajo mis sábanas.

Te deslizas suavecito,

tu ardiente acercamiento,

enciende el fuego extinto.

Me sorprende tu boca fresca,

tus párpados entrecerrados,

como quien no quiere ver.

Me atrapas, sujetas mi cuerpo,

abres tus bellos y oscuros ojos,

desorbitados, me desnudas en ellos,

me hablan tus pupilas dilatadas, rendida al encanto de
tu piel, la mía, se entrega en suaves arrullos.

Nos asombra la aurora despiertos,

un beso en mi vientre, fue cuna de ti,

devuelvo en tu frente un cálido trémulo, Un beso ,sin más, nos entregarnos,

al sueño, cada recuerdo de esta noche, sin final

ENTRE SÁBANAS

Dormir en sábanas de seda,

sentir que se resbalen

tus ansias y las mías,

Correr la cortina

que esconde este secreto.

Vuelas de mi nido,

me rompes en mil pedazos;

vuelos de palomas olvidados.

Soy el águila

que sin ti se elevó

y tan alto mis alas derritió.

Un asesino sol,

Mis plumas quemó,

Grité, con grito sordo:

"Detente, mezquino corazón".

No ruegues ni llores,

solo deja que la lluvia riegue por ti las cenizas
esparcidas,

loca lontananza donde la muerte lenta y tortuosa
recuerda que te amé,

Fui águila de altos y largos vuelos,

hoy queda un pájaro herido,

eterna noche en desesperanza,

donde muere de frío el alma mía.

Mi cuerpo, un lienzo sin pintor

y un pentagrama siempre inacabado.

Pentagrama inacabado

AQUEL EXTRAÑO

Me gusta ese hombre,

huele a flores silvestres,

me gusta su risa huraña,

su mirada esquiva,

sus ojos son dos brasas,

que me queman,

desnuda mi piel,

despierta fuerzas ocultas

tras el frío de tanta soledad.

Se acercó con fiereza en su andar,

fijo sus ojos en todas partes,

creo no me vio, tan poquita,

y él tan inmenso, tan carnal.

Luego embrujada en sus ojos desvistió realidades

En donde su objetivo era yo,

me yo con su mirada,

me hizo suya en su boca,

dibujaba media sonrisa.

Me desnudó mi alma,

rompió mis miedos,

pronunció mi nombre

y al cielo me elevó con él.

Se llevó tabúes mezquinos,

le mostré mis ansias

que estaban en mi piel

al desnudo de su mirada.

Fui suya en un beso

en otro o en el mismo,

fue tan mío ,

que mi miedo lo paralizó el viento.

Detuvo el tiempo del viejo reloj,

y sin ver más, su cuerpo en el mío tatuó,

me gusta ese hombre, hoy mis soledades... acabó.

TU NOMBRE

Escribí tu nombre,

con letras de vientos,

con tinta de aguas marinas,

letras sinuosas,

de escondidas curvas.

Fueron letras dormidas,

en noches estrelladas

de luna llena luminosa.

Siete letras y un olvido,

bordo del cielo aquel adiós

que guardó un secreto el silencio.

No busco el regreso,

hundidas todas ellas

fueron cayendo en desbandada,

en el oscuro escondrijo,

siendo innombrable,

cada una en un solo sonido.

Ni truenos, ni rayos, ni murmullos,

solo el olvido

enterró la última consonante.

Ya nada quedó,

tras las cortinas del humo;

el cielo sabio mensajero las guardó.

PERFUMARÉ TU PIEL

Acércate, no tengas miedo,

Déjame embriagarme,

de aroma de amores.

Déjame enseñarte

Nuevas y bellas

e intensas formas

de hacer del amor; poesías.

Poesías de amor,

el arte de amar,

es prender tu piel,

en cada primavera,

encender el fuego en invierno,

soplar brisas frescas en verano,

mostrarte encantos en otoño,

al compás de una canción.

Dibujar en cada beso,

sueños siempre irrepetibles,

sembrarte en la piel recuerdos

eternamente inconfundibles.

Remontar en otras alas,

un cielo en caricias nuevas,

perfume de mujer.

Perfumaré el alma

con el aliento de un amor febril

solo desnudo entre tus pupilas y las mías,

celos de ti,

de mis sueños,

de mi pasión y mi anhelo,

es el latido de mi corazón.

SOÑANDO

En la penumbra de mi habitación,

creo ver tu figura en la pared;

es tu sombra agazapada

recordándome que soy tuya.

Te recuerdo que eres mío,

vago en la oscuridad,

buscando tus apretados labios

y tus manos, palomas al viento,

recorriendo mi cuerpo,

tallando en el mío el tuyo,

tatuando con tus dedos cada rincón,

en ellos buscas calor y delirio,

fuego que abraza,

amor que se entrega,

señor entre oscuras auroras,

el sol aún escondido,

nos despierta abrazados,

Exhaustos de tanto amar,

no olvides la ruta que te trae a mí,

un solo destino, el tuyo y el mío,

dos pieles borrachas de ansias,

en una, la vida fundimos,

tú eres mi ángel y solo quiero tu luz,

tú eres mi amor y no quiero a nada mas que a ti,

tú eres mi corazón y solo quiero que latas,

tú eres mi alma y no quiero cambiarte nunca,

me abrazaron el día y la noche,

sírveme de perfume mañana y noche

y contenme en tu corazón por días y días

NADA DE NADA

Estás sin estar,

eres eterna presencia

en absoluta ausencia.

Te siento sin tocarme,

te veo entre sueños,

me hablas entre líneas,

regreso sin volver,

camino hacia ti,

regresando a otro viaje,

sin ti volver a recorrer.

Eres un imposible,

yo soy esa estrella mirando

una luna encendida,

cercana a su sol quemando,

sin acercarse en eclipse.

Soy la nada de mi todo,

y tú nada en todo.

Soy lo que nunca fui,

eres lo que jamás me tendrá.

PIES DORADOS

En loco desvarío,

volé tan alto,

caminé la luna,

anduve estrella en estrella

gozosa de tanta luz.

Al fin, mi ser brillar,

dejar descalzos los pies,

desnudar mi alma para su sitio encontrar,

mirar abajo,

el cielo era el nuevo destino,

entre constelaciones,

la vida sentirla,

tan nueva,

recopilada de otras vidas.

En esta me quiero quedar

hasta que mis cansados pies,

descansen febriles.

El sueño en olivos de estrellas,

sobre nubes doradas por el sol,

tan solo andar descalza,

cubiertos mis pies de polvos estelares;

brillar, tan solo brillar.

AMORES MUERTOS

Silencio en eterna oscuridad,

hasta las luciérnagas

guardaron destellos de luz.

Las palabras se ahogaron

en un mar de preguntas,

Somnolienta la aurora,

bostezo la muerte triste,

la calandria enmudeció,

las rosas rojas, sus pétalos entregó,

a estéril tierra en desamores,

de tiempos guardados

se dejó atrapar.

Las notas melodiosas de un violín,

lloran penas de viejos amores,

canciones de ángeles caídos,

liras en vuelos abandonadas,

así desviste el eterno universo,

en vuelos y tierras, sufrimientos,

jamás dilucidados por aquel amor,

dado sin condición y traicionado en loca devoción.

ANCLAR

No sé si serás el ancla

donde mi alma se anide,

no sé siquiera si hay futuro por delante.

Ignoro todo de ti,

te siento franco,

vestido de verdad.

Busco en tus palabras

un hoy auténtico,

sin vuelos a la luna,

sin velos que romper.

No hay silencios,

todo son palabras,

en este despertar de ausencias rotas.

Es claridad la brisa,

quiero de ti una sonrisa,

Esa si, la quiero,

despertarte sin apuro.

Dibujarte en un sueño en tus labios,

mi nombre lentamente musitar,

saber es presente, es hoy, no importa.

La gente a este nuevo despertar, murmurando igual,
que importa, si en esta piel

solo estamos tu y yo.

No tengo miedo,

tu audacia fortalece,

cada uno de esos miedos escaparon,

ante tus seguros pasos

en donde huir es de cobardes.

Abrazar este hoy,

vestido de colores,

bajo un hermoso cielo azul,

en transparencias de un nuevo sincero real, auténtico
sentir,

tu voz resonó en mi interior;

fue luz de luna

y en ella hubo un beso

donde no se dio mañana, no existe.

Hoy es hoy,

vivirlo sin retroceder, recuerda,

ámate y yo te amaré más

por amarte tú.

No sé si yo seré tu ancla,

si sellaré tu piel,

tatuaré mi nombre,

estaré presente en cada amanecer,

me verás al salir el sol

y seré la estrella que te guiñe al mirarte

en tanto esté a tu lado una noche y muchas más.

DOS PALABRAS

Bastaron dos palabras,

para recomponer mi vida,

sentidas en esta madrugada,

cuando todos duermen,

despierta mi ser entre oraciones y soledades, desvelos
fríos,

una confección de dos palabras, devuelven a la vida
una razón;

seguir en esta vida,

cargada de sin razón.

Un tiempo, muchos tiempos,

nada es eterno,

nada es siempre hoy

en esta dulce madrugada;

puedo decirlas yo, a todo pulmón...

ME GUSTAS

Me gustas,

me gustan tus ojos

que saben a noche.

Me gustan tus detalles,

hasta la sombra de tu ausencia,

una sonrisa,

que diera al despertarte

para colmar tus mañanas,

en dulzuras nuevas,

tus vacíos cubrirlos,

con besos diamantinos,

acompañarte una aurora,

despertando del sueño.

Tu cuerpo tibio,

hacer brotar tus ansias,

calmar tu ser,

dejar, olvidar...

empezar un nuevo camino,

recorrerlo en tu piel,

despiertos al amor,

que diera en tu cuerpo

hasta verlo agotar;

mis dormidas caricias

en tu sentidos entregar.

TUVE MIEDO

Tan solo dijiste "déjate amar ",

silencié cada loco latido,

de este atropellado corazón,

me envolví en la penumbra,

de un infinito silencio,

cabalgué cada sentimiento,

en praderas de desespero.

Fui tormenta,

fui lluvia aguaceros;

fui todo menos yo.

Me escondí tras la fría mirada,

ironías de la vida me ofreciste,

un cielo bordado de besos.

Te devolví sin mirar el infierno,

desesperanza en un apagada soledad

volcada en fríos

y helados sentimientos ñ.

Tuve miedo,

de que vieras la desnudez de mi alma,

el temor de amar y entregarme a ti,

salir herida

donde ya no quiero más cicatrices,

ni más lágrimas tibias.

Tuve miedo me rompieras,

los pocos pedazos que aún existían.

Preferí,

en la oscura noche,

reír y reír.

No fue de ti,

fue de mí.

Decía no,

cuando mi ser gritaba sí.

Se marchito la flor

y dejó su canto el ruiseñor

en medio de la noche mas triste

que sin mirarte te dije" adiós".

AMIGO AMANTE, AMANTE AMIGO

He llegado cargada de gozo, nuestra mágica noche,

encuentro de amantes.

De amantes en delirio,

fueron tus labios,

mi espalda rodando.

Fue tu alfombra,

fue tu nube

en vuelos sin término.

Tus manos eran palomas en vilo,

rodeando mi cuerpo

me besó la luna en tus labios

que inquietamente buscaban tus ojos.

Mis ardientes pupilas,

el viento soplaba bajito,

trajo frescor de otoño,

calmó nuestro aliento,

la hoguera de encendidas brasas,

opacó sus llamas;

éramos nosotros,

flama de vida sin tiempo,

amigo amante,

amante amigo,

Señor de mil sueños.

En cada uno,

letárgica ilusión,

regresaste al nido abandonado.

Encontró tu cuerpo el mío,

Dormido,

esperando una noche más.

Dices, me quedo,

eres mi vida,

no jures,

no prometas.

Vivamos cada noche,

como la última sin esperar,

tan solo esta,

para el amor entregar.

SILENCIOS DORMIDOS

Esta noche visítame,

desnúdame el alma,

desvísteme de viejos recuerdos,

ponme un traje nuevo

hecho de tus besos y de tu amor,

floreciendo en mi piel está

y mil noches más.

Elevando al cielo una plegaria,

pidiendo escapar de mis propias entrañas,

salir de esta piel que me atormenta,

en el silencio despavorido de un adiós sin regreso,

donde calla la razón

y grita en alaridos ensordecedores un lamento

al romper la tierra,

sus propias piedras solloza un quejido

que sale del profundo desencanto

que sin oraciones

ni algarabías mostraba serenidad el desfallecido corazón,

roto en pedazos de cristales

hiriendo un sangrante recuerdo,

un lastimero sentir de ansias despavoridas,

mentes retorcidas en hierros y cadenas un amor mortecino,

allí se ruega y se solloza esta pena;

dejadme morir en la penumbra,

en fría lápida cubra mi sentir,

no te rías de mis dolores ni me tengas tristeza

que al amor marchito, yo misma enterré

y lo llevé al caudal del olvido,

sin más despedida

que un abrazo en la brisa de esta incipiente primavera.

Lo envíe al cielo volar,

donde está el amor de los últimos días,

lo dejé ir tras su dicha y en ella la mía ver morir.

SUEÑOS DORMIDOS

Se me fue quedando dormido el silencio,

la luna cómplice eterna,

de amores perdidos,

cubrió su luz,

envolvió su mitad

con paños bordados de lagrimas secas,

las estrellas cerraron sus lánguidos ojos,

haciendo piruetas entre las nubes grises

de aquel pálido cielo.

La tierra se cubrió de niebla,

desfallecía el alma en solitaria noche.

Se rasgó el velo,

de tantos sueños engendrados

en fatal fantasía.

Parió la tristeza y las soledades,

es un silencio dormido,

en un verbo hecho realidad,

en eterna espera.

Fue creado a volar corazones,

remontar tan alto,

más allá del sol,

entre tu piel y mi piel.

El verbo cayó desfalleciente

y solo vibró de amor mi herido corazón,

el tuyo no estuvo presente,

escapó presuroso a los brazos de eros.

Tan silente fueron tus pasos

y tan mortal la herida,

que el verbo eterno que es vida,

murió esa noche al decirte sin palabras;

"vete seguir tus sueños".

Tus ojos miraron el frente,

calló tu boca en mis labios mordidos,

que sangrantes guardaron el último beso,

donde murió un " te amo",

te dejé partir y murió el verbo" amar"

y durmiendo en sueño fatal,

el silencio quedó .

AMOR MÍO

No pidas cuentas, amor mío,

si la noche precede al día,

si la luna despierta al sol antes de ocultarse.

No ves que tras de ti,

se fue mi alma

y se durmió mis sentidos.

No ves,

señor de mis desvaríos,

que hay un silencio eterno sin retroceso.

Voy camino

a la más inmensa oscuridad.

En ti se apagó mi luz,

soy ciega de ojos abiertos

buscando la claridad de un beso,

perdido en días sin tiempo.

Amor mío,

no me despiertes,

déjame en este mar bravío,

cada noche sin ti no despertar.

SUJÉTAME

No quiero mariposas,

Revoloteando en mi interior,

quiero mi piel sedienta,

resbalando bajo las sábanas.

Quiero la tuya sudorosa colmando,

todas tus ansias quiero...

cuerpos desnudos,

almas comulgando solo amor,

quiero vestir tus sueños cada noche,

dejarte los suspiros como canción de cuna,

quiero notas de arpas tocadas por serafines,

quiero que un amor incorruptible nos una a los dos.

Quiero tus pensamientos trasladados a mi ser,

sentirte llegar para poseer mi todo,

yo volar sueños,

despertar amaneceres unidos

dejando todo atrás.

No quiero vacíos ni silencios,

te dije no me sueltes,

pues necesito cuerdas de amor me aten a tu piel.

Soy ave de vuelos altos,

nadie corta mis alas,

no visitaré otro cielo,

si en ti tengo cielo e infierno.

Sujétame,

hagamos juntos el viaje,

solo tú y yo.

Se acorta el tiempo,

démosle rienda suelta a nuestras ilusiones.

Un solo sentir,

entre dos amantes nacidos,

reinventado en distantes cielos,

despiertos a pasiones maduradas

al sol en libertad.

Sujétame,

no puedo clamarte más.

TE SEMBRARÉ EL ALMA

Sembraré de notas el jardín de tu alma,

serán brotes de rosas y alelíes,

con tinta de cada suspiro.

Grabaré tu nombre en cada despedida,

serán eternas madrugadas bañada en tiernas luces,

entre tus pupilas y las mías.

Daré calor a tu cuerpo adormecido,

seré tu eterna primavera.

Verás auroras entre tus brazos dormitar el mío,

llenarnos de besos en cada amanecer   donde tan solo
el suspiro del viento se lleve tu aliento y el mío.

Guardaremos detrás de las cortinas

de suave terciopelo,

la frescura de este sueño.

Nos eleva tan alto

que en el cielo allí dormirá.

La noche,

siendo tú tan mío y yo solo tuya,

sembraré en tu alma en color rosa,

un poema, una canción y mil te amo...

UNA LOCURA MÁS

Intenté atrapar el viento,

me confundí en la brisa,

dormí los sentidos en medio del fuego encendido.

Fueron recuerdos de un amor ido

que al viento traté mis alas desplegar,

Solo un grito enardecido,

cubrió mi alma en solitario andar.

Te llamé sin llamarte,

sin pronunciar tu nombre,

fueron relámpagos

partiendo la tierra en dos.

Fue el dolor en el pecho dormido,

fueron garras destrozando mi vida,

mirando detrás de mis pasos,

no hay un par de huellas,

no caminamos juntos,

ni un mínimo trecho.

El angosto camino al andar,

fue en solitarias noches,

mi febril imaginación,

en locura sin límites.

Tu ser recrear

no fue nada,

tan solo una pesadilla

en esa aurora despertar.

Tan sola

he de salir.

NAVEGANDO

Navego en un mar de incertidumbre,

aún en la certeza soy tu vida,

a sabiendas eres mi luz.

Secuestraste mi piel,

en ella escribes una historia,

nuestra historia, frágiles violetas.

Tan humildes,

tan pequeñas,

florecillas efímeras de aroma sutil.

Tan profundo recuerdo dejan,

así, así es mi piel en tus manos,

recorres cada espacio,

dejas un suspiro,

más arriba,

un te amo,

más abajo.

Te deslizas,

usas tus labios para que escriban

con indeleble tinta de dulces encantos,

la humedad de tus besos saben a gloria.

Deletreas mi nombre,

entre cantos de amores;

¡ay!, como siento tus letras en mi piel sedienta.

Te busca mis ansias

al solo ademán de partir.

Deja caiga la noche,

mira como casi terminas un poema,

en tu lienzo de blanca piel,

de aroma a flores.

Sellar con más besos,

que saben a miel y luna,

la misma historia cada día y cada amanecer.

SÍ, TENGO MIEDO

Preguntas si tengo miedo,

sí lo tengo,

a la vida sin olvido,

a los sueños sin magia

a las alegrías trasnochadas,

al amor vencido,

a los tiempos perdidos,

a las lágrimas vertidas.

Le tengo miedo,

mucho miedo,

seas tiempo

de viento sur

en un solo silbido.

Te diluyas como hielo en soles multiplicado en infinito
desafío;

sí, tengo miedo.

.

ABRÍ LA PUERTA

Abrí la puerta entre mis letras,

encontré calidez de ti,

me llenaste con luz de amaneceres,

colgaste del cielo un crepúsculo.

Tardío, entre amores,

silencios y olvidos.

Flores en vals de ramas secas deshojaste,

un corazón moría en soledades claroscuros, fueron letras fantasmales cerrando la puerta,

de un abismo en hondo silencio.

Abrazo la noche,

una coma sin lugar ni espacio,

un punto y aparte,

dejó se abriera

mostrando cielos azules,

veredas de calles sin nombre,

angostas empedradas,

rascacielos deslumbrantes se alzaban entre cemento

y adoquines en una esquina cualquiera.

Una calle sin nombre,

era el atardecer más deslumbrante

en un cielo tornasoladamente rojizo.

Vi la luz,

pude escapar,

ya no dormiré entre letras,

ni serán refugio de un sueño trunco,

ni una vida gris.

Abrí la puerta,

salió el dolor

y descubrí un diamante.

Liberal, suelta,

empezar de la nada

y tejer un sueño.

Ser mariposa que vuele,

sí, vuele alto

y descubra una flor,

sus mieles devorar,

allá a lo lejos,

donde el estandarte sea amor,

libertad entre flores y arbustos,

mares y olas,

montañas y neblinas;

una vida al fin despertar.

DÉJALA ABIERTA

No cierres la puerta,

vete si lo deseas,

pero déjala abierta,

como loba en celo.

Llegarán a florecer mis madrugadas,

se llenarán mis ansias,

en otra piel, mi cuerpo,

en estertores de dicha.

Temblará en otros brazos,

cabalgaremos juntos

las montañas de los sinuosos cuerpos.

Habrá fuego ardiendo

en la chimenea del hogar húmedo.

Se llenará la caverna de un viril desafío,

volverán las auroras compartidas,

que besaran mi cuerpo

y jugaré con los sentidos.

Escribiremos en el alma una caricia,

que tiernamente atropellada brincará,

de un lienzo a otro,

pieles solo pieles,

amantes de una eterna sentida primavera.

No cierres la puerta,

hoy le espero al señor de mis tiempos muy nuevos.

DESENLACE

¿Sabes?,

de amarte, se me cansó el alma,

de esperarte,

mi piel se desnudó.

En otra piel

mis labios bebieron

el dulce néctar

de una boca ardiente.

Sin saberlo descubrió,

el vacío que tú dejabas

entre sol, arena y playa.

Muy al descuido dijo;

tan alto escucharán las gaviotas,

sin importar quién más escuchará su ahogado deseo.

TE AMO

Dos palabras,

un beso robado

fue sorpresa.

Fue tu ausencia,

no lo sé,

me dejé conducir

y me regresó al cielo.

Rescato mi ser del infierno,

por esperarte,

quemaba mi alma.

Perdón si te hiero,

tú, solo tú,

provocaste desenlace inesperado.

HOY TUYA

Mágica noche, esplendorosa,

celestial criatura que mi ser despiertas,

me regresas de la nada,

me traes a tu espacio, me arrobas,

llenas mi alma de tu esencia.

Late el corazón dormido, casi ido,

dices entre en tu sueño y fui tuya,

no sé si dioses del Olimpo

trajeron la majestuosidad del ser.

Otra vida nace en mí junto a ti,

no me regreses a días grises,

si no vas a quedarte, no hieras mi amor.

Déjame en la nada donde no hay sueños,

si te quedas, haré en ti un jardín,

en donde el Edén será pequeño descolorido ,

y sembraré en tu piel besos de luna.

Tus noches serán luces

brillando cada espacio de tu cuerpo

cielos volar.

Ven, ven una y mil veces, ven,

ardiendo mis ansias para que te vuelvan a colmar,

mieles de mis labios y los tuyos brotarán

Será cada aurora,

un bello amanecer;

allí será el amor por siempre eternidad.

SOLEDAD DE SOLEDADES

No hay peor soledad,

que aquella que llevamos en el alma,

cuando se cae la máscara.

Mirarnos en el espejo frío,

de nuestra gran verdad.

Los vacíos no se llenan,

son huecos

y venimos con ellos.

El amor como llega, se va,

lo sacamos sin mínima piedad,

estorba, no hay credibilidad.

Es el frío del ser sin alma,

es un muerto en vida,

aferrados a la mentira.

Retenemos el tiempo,

demoramos un adiós inevitable,

no sacia el corazón,

no dulcifica las noches.

Les amarga como el ajenjo,

bajo las heladas sábanas,

se estremece un sueño muerto,

antes de ver la luz clara y virgen,

de una madrugada desfallecida,

antes de abrir el día en un nuevo nacer.

VERDE ESMERALDA

Me pides melosamente,

mírame mujer, ¿qué buscas?,

son dos luceros verdes,

esmeraldas cubiertas,

pellizcos violetas,

los miras y te vas,

¿qué ves en ellos? Dímelo, no te marches

Háblame,

¿los quieres?

No los puedo quieres,

si puedo mirarte con ellos,

traspasarte el alma,

dormirte en un suspiro,

cerrarlos y abrirlos,

¿los puedas mirar?

Aunque ciega quedé,

tienes en ellos luz,

Sí, la luz refulgente

de un amor que no te dañará,

porque los miras en silencio.

Tus pupilas te delatan,

los quieres besar,

la noche es clara,

cuando en ellos te miras.

No paras aún,

ven, míralos,

déjate guiar,

llevas en tus ojos

un amor sin igual.

VÍSTEME DE TI

Vísteme de fiesta,

acaricia mis sentidos,

llévame a la fuente,

beberemos néctares,

endiosando la noche,

envuelta en cristales.

ambarinos transparentes.

Alzaremos vuelos,

más allá del sol,

donde habitan sueños

y seremos dioses estelares.

Las lunas serán esmeraldas

de terciopelo blanco.

Las nubes,

en ellas, haremos nido

crecerá la vida

y seremos eternos uno en el otro.

Nuestras pieles serán fundidas,

como el oro por el fuego,

nuestro amor entre serafines,

recreará auroras renovadas,

madrugadas encendidas,

noches desnudas y sentidas,

tan tuyas y tan mías;

vísteme de ti.

LA FLOR

Seca quedó la flor,

en primavera asomaba

un verano ardiente.

Se vio desplegar sus pétalos los abrió como el libro aquel,

que se dejó leer sin pausa.

Un bello picaflor de sus pétalos,

bebió la miel, dulce néctar,

fue agotada dejándose llevar

la última gota entre sus pistilos.

Cuando seca, ya sin vida,

el otoño la encontró, amarillenta,

agonizante, se fue perdiendo cada pétalo,

al frío, estéril y seco suelo.

La tierra la recogió,

hecha solo hojas informes,

fue el recio viento,

que le quiso arrastrar sus despojos.

Chocó con piedras,

lágrimas del cielo

no la hicieron revivir,

solo polvo quedó esparcido por el suelo

del viejo parque

donde el picaflor

deleitaba en sus mieles beber.

Ya el viento frío gélido del invierno

la hizo escarcha perdiéndose en la nada.

ESTOY CELOSA DE TI

Tengo celos de ti,

de mis sueños,

de mi pasión y mi anhelo;

es el latido de mi corazón.

Tengo celos de ti,

de un momento de silencio entre nosotros

y que tus pensamientos te alejen de mí.

Te grabo,

desde el gesto de una llamada,

pudiendo apartar tus ojos de los míos.

Estoy celosa de ti,

de cada palabra que dices

si no fuera yo,

sus letras y alfabeto.

Estoy celosa de ti,

de los dedos de la gente,

si tus dedos quedan atrapados

en una paz fugaz.

Estoy celosa de ti,

de una idea

que viene a tu mente ,

de un sueño;

yo estoy pendiente de eso.

SIEMPRE AMOR

Como alelíes era mi alma cuando llegaste,

simple serena humilde.

Mi vida era normal,

sin altibajos y rutinaria,

despertaste un ser dormido.

Mil revoluciones crearon mi mente,

corazón, sentidos sueños.

Murieron los alelíes,

se llenó mi jardín de amapolas,

droga fatal de ensueño.

Me despertaste el sentimiento,

me llevaste al cielo,

me dejaste caer mil veces

y mil veces volé tu vuelo.

Otras tanta caía hecha pedazos,

casi moribunda

que agonizante recogías los pedazos.

El amor era más fuerte

que yo misma fui locura;

es verdad absoluta.

No me arrepiento,

puedo amar,

es locura, delirio,

no lo sé

Te amo más allá de toda razón,

volveré a volar tus vuelos,

volveré a caer

y volveré a morir en ti...revivir.

SIN MEMORIA

Llegué en la noche de tu desespero

para cubrir tus heridas

y vendar tus llagas.

Fui silencio en tu silencio,

sonrisa en tu sonrisa.

Fui tu arrullo,

dormirte en la noche oscura.

Fui el canto del ruiseñor

para que vistiera tus auroras.

Tracé un camino de flores primaverales,

fui tus amanecidas alegrías,

esas eran pocas y yo las multipliqué,

sembrando y regando tus olvidadas ansias.

Cuando estuviste listo, sano y restaurado

te soltaste a volar sin recordar mis alas

gastadas de llevarte a otros cielos.

Hoy eran ellas, te necesitaban hoy,

ingrato destino te llevo tan lejos

y no miraste atrás, pues caí, sí, caí.

Sigue tu vuelo despiadado

si algún día en la caída me recuerdas.

No regreses

y quédate con quién evite tu caída,

estaré tan elevada

que no recordaré tu nombre

y será borrado de esta memoria

que desfallecerá sin saber de ti.

DESVARÍO

Despertaste un huracán de emociones,

no sé dónde voy,

no sé dónde me llevas.

Solo te pienso

y late fuerte el desenfrenado.

Loco corazón,

eres un sueño

salido de la nada

en medio de silencios, olvidos Llegas caballero,

dulcemente embriagador, ganarle batallas a la distancia

acercar la noche en vertidas

y desveladas madrugadas.

Así despertaste una ilusión,

así te pienso, te sueño, te busco,

en cada línea, mis ojos te ven,

Solo por ti, mi musa inspirador,

se despiertan estas letras

que cobardemente confiesan.

Perdí la razón en desvarío,

Camino, resbalas en mis sábanas,

duermes en mi almohada,

siento tu aliento tibio,

tu sueño sereno

velo en desconcierto

Desvarío, no estás,

solo te siento.

Poema Traducido 5 idiomas (Árabe, Italiano, Ingles, Polaco y Portugues)

NO QUIERO RECORDARTE

¿Porque te pienso?

Se agolpan los recuerdos, atropellan mis sentidos, desnudan mi alma.

Cruel sortilegio

te llevó,

te ausentó

de mi piel

borracho

de emociones. Deshojaste cada pétalo, desglosando cada sentido, jugaste

entre

mi hondo

en el recodo de la vida.

Truena

en esta tarde gris,

cada suspiro que

nos entregamos en caricias.

Tus húmedos

labios tatuaban, palmo a palmo,

la geografía

de mis curvas.

Escribiste con tinta indeleble,

pero infinita, cada te amo;

no quiero pensarte

tu recuerdo lastima, ensombrece...

Vuelve

a zumbar

el viento

en esta alcoba

donde el amor hizo historia derribando tiempos.

No quiero recordar,

fui tan tuya y tú...

tú,

una mentira más...

¡No, no quiero recordarte!

En árabe

لماذا أفكر فيك؟

حشد الذكريات ، دهسوا حواسي

لقد حملوا روحي.

، أخذتك تعويذة قاسية

غاب عن بشرت ي ، في حالة سكر مع العواطف

، جردت كل بتلة

تحطيم كل معنى.

لقد لعبت بين هاوية العميقة .في ركن الحياة

انها رعد في ظهر هذا العصر الرمادي كل تنهيدة نقدمها لأنفسنا ، في
المداعبات المبتكرة شفتيك مبتلة

لقد رسموا وشمًا بوصة بوص ة
منحنياتي جغرافية.

لقد كتبت بحبر لا يمحى ، لكن بلا حدود كل واحد احب ك
لا اريد ان افكر فيك .... ذاكرتك تؤلمك وتظلم

، عصفت الريح مرة أخرى
في غرفة النوم هذه حيث الحب. صنع التاريخ يحطم الأوقات

لا أريد أن أتذكر أنني كنت هكذا لك وأنت ...
أنت كذبة أخرى ...
لا ، لا أريد أن أذكرك!

ليليان كامبوس

الأرجنتين

En Italiano

Non voglio ricordartelo

Perché penso a te?

Folla di ricordi corrono sui miei sensi,

 mettono a nudo la mia anima.

Incantesimo crudele ti ha preso, ti ho assente dalla mia pelle,

petalo, scomponendo ogni senso.

hai giocato tra i miei profondi abissi nell'angolo della vita.

Tuona in questo grigio pomeriggio, ogni sospiro che ci diamo in carezze inventate, le tue labbra bagnate hanno tatuato pollice per pollice la geografia delle mie curve.

Hai scritto con inchiostro indelebile, ma infinito

ognuno ti amo, Non voglio pensare a te la tua memoria fa male, si oscura….

Il vento mormora di nuovo, in questa camera da letto dove l'amore ha fatto la storia abbattendo i tempi.

Non voglio ricordare che ero così tuo e tu...

Tu, un'altra bugia...

No, non voglio ricordartelo!

En Inglés

I don't want to remind you

Why do I think about you? Memories crowd they run over my senses, they bare my soul.

Cruel spell took you, I absent you from my skin, drunk with emotions, you stripped every petal, breaking down each sense.

you played between my deep abyss in the corner of life.

It thunders in this gray afternoon, every sigh that we give ourselves in invented caresses, your wet lips they tattooed inch by inch the geography of my curves.

You wrote with indelible ink, but infinite every one I love you, I don't want to think about you your memory hurts, darkens....

The wind hums again, in this bedroom where love made history by breaking down times.

I don't want to remember I was so yours and you ...

You, one more lie ...

No, I don't want to remind you!

En Polaco

nie chcę ci przypominać

Dlaczego o tobie myślę? Tłum wspomnień biegną po moich zmysłach, obnażają moją duszę.

Zabrało cię okrutne zaklęcie nieobecnym na mojej skórze, pijany emocjami, ogołociłeś każdy płatek, rozbijając każdy zmysł. grałeś między moją głęboką otchłanią w rogu życia.

grzmi w to szare popołudnie, każde westchnienie, które sobie dajemy w wymyślonych pieszczotach, twoje mokre usta wytatuowali cal po calu geografia moich krzywych.

Napisałeś niezmywalnym atramentem, ale nieskończonym każdy kocham cię, nie chcę o tobie myśleć Twoja pamięć boli, ciemnieje....

Wiatr znów szumi, w tej sypialni, gdzie miłość sprawił, że historia się załamała.

Nie chcę pamiętać, że byłam taka twoja i ty...

Ty, jeszcze jedno kłamstwo ... Nie, nie chcę ci
przypominać!

Não quero te lembrar

Por que eu penso em você? Multidão de memórias eles
atropelam meus sentidos, eles desnudam minha alma.

Feitiço cruel levou você, Eu te afasto da minha pele,
bêbado de emoções, voce tirou cada pétala, quebrando
cada sentido. você jogou entre o meu abismo profundo
no canto da vida.

Troveja nesta tarde cinzenta, cada suspiro que damos a
nós mesmos

em carícias inventadas, seus lábios molhados eles
tatuaram centímetro por centímetro a geografia de
minhas curvas.

Você escreveu com tinta indelével, mas infinita

cada um eu te amo, Eu não quero pensar em você sua memória dói, escurece....

O vento sopra de novo, neste quarto onde o amor fez história quebrando tempos.

Não quero me lembrar que fui tão seu e você ...

Você, mais uma mentira ...

Não, não quero lembrá-lo!

Este poema fue traducido a varios idiomas; un especial para este libro.

HARÉN

Encendidas las luces,

abiertos los ojos en claridad suprema

más allá de las palabras

tejidas verdades detrás.

Cortinas sucias empañadas, dejaron traslucir ideas
herradas,

un harén vestía ese cielo

de noches tan esquivas.

Mucho apretó el tiempo,

ahorcó las falsas esperanzas,

dejó al desnudo desoladas madrugadas,

donde pudo más la verdad consumada

al vencer al amor en ceguera desvelada.

Abrir los ojos, levantar la frente, dar el paso;

llevé la paz perdida en un adiós sin despedida.

No muere la tarde, nace la noche, otras letras,

otros brazos, otros besos y otro sueño dejar llegar.

Todo pasa todo y se renueva,

hasta el sol cae en el atardecer.

Sale reluciente la luna para alumbrar

olas de bella espuma

y blanca la arena vestir.

Fue corto el tiempo donde duró sólo un suspiro,

la llaga no se ahonda, saldrá en infinita paz,

el mundo espera en nuevas luces su ser transparentar.

NUEVO AMANECER

Fue tu amor de fuego,

me arropaste,

preguntas mi nombre

hayas la respuesta correcta

y eliges el segundo.

Desde ese instante

soy otra, solo tuya,

nombrada en tus encantos,

acariciada en tu voz,

en tus pupilas descansa,

este amor envuelto

en azules celestiales encantos.

En tus ojos,

mirando con ternura los míos

un atisbo de pasión asoma.

Haces el amor con la mirada

besas

con palabras hechizadas

de gozo y...

vuelta la insensatez

regresando el amor

vuelves a nombrarme.

Cantan los cielos,

truena el viento,

brama el mar.

Ese mismo mar

nos desnudo las ansias

en sus aguas cristalinas.

Besos de miel cubiertos de sal,

pieles ardiendo en sol tropical,

noches de plenilunio murmuran

al vernos amando

descubierta el alma vestida de mar.

Una forma nueva,

una piel vestida de sueños,

el viejo nombre dejó tras de sí

solo olvidos se llevó el tiempo.

Hoy,

en este nuevo amanecer,

visto para ti nueva piel

de vida,

sin noches oscuras

ni días sin sol.

BAJO EL CIELO

Me mudé de piel

sentada en medio de esta noche, singular, en brazos de
la luna.

Entre estrellas de plata y luna de oro,

duerme un sueño,

sin vuelos largos,

un alma buscando su nido.

Un corazón sin rumbo fijo,

un sentimiento callado

y ojos abiertos al porvenir.

Descalza

las esperanzas, arrugadas madrugadas desveladas,
auroras vivir, por vivir

una noche más.

LA NOCHE VESTIR

Cuando la distancia

creemos se agiganta

Más cerca, sí, más cerca estamos.

Se rompen barreras,

la voz crece

y atraviesa

sin pausa límites lejanos,

pero, ¿no será tarde?

Como cambiar el rumbo,

dar vuelta

a la hoja, empezar de nuevo,

¿y el ayer, dónde queda?

Volvemos, regresamos, volvemos

a partir. Distancia cruel, desesperada

nos reclama,

nos llama,

y así una vez más nos acerca,

rompiendo muros

y en los mismos brazos tuyos

y míos,

la noche vestir.

AZUL CELESTE

Mis letras se confunden,

entre el azul celeste

de un cielo galáctico.

Este amor de los dos

volando cielos, mundos sacados

de sueños.

El amor amante eterno,

cómplice de vuelos claros,

sin medidas, sin barreras,

sin juicios, ni pruebas.

Amor de un verbo sin ayer,

eternal esencia vertida

entre celestes cielos.

Caricias, besos, manos,

pieles en pura entrega.

No es pecado, es verbo,

tan eterno y tan vivo

vistiendo de fiesta.

Sin noche ni madrugadas,

todo es nada,

nada no es solo manos,

besos una luz.

Tan azul,

los cuerpos

transparentar.

LE TENGO GANAS, SEÑOR

Usted, si señor, usted,

me envuelve,

desparta esos demonios.

Corre por mi sangre

este loco deseo

de poseer su piel,

su aliento,

derroche emociones

descubriendo al roce de mis labios

estremecerse hasta la locura.

Recorrer, señor, lujuria,

cada poro encendido

estas ganas sin freno.

Así, piel a piel,

ganas mágicas,

¡Oh, bello ángel del deseo!

pecado, sus manos jugando

entre mis tibias piernas,

enloqueciendo el libido

dormido en el tiempo.

Sí, boca ardiente

devorando ocultos pétalos,

hojas abiertas al ardor

en húmedos encantos

su boca golosa.

Devoré entre gemidos ardorosos,

sediento de mis mieles,

en su cuerpo yo beber,

los sudores de un deseo,

acumulando flamas,

deseándolo tanto...

Tengo ganas de usted, señor,

saciedad imposible,

sin usted, señor,

en locos deseos.

Brindemos la copa,

de su esencia a mi sed,

en sábanas de seda,

juntos al descaro entregar.

FUE LA LUNA

Me envolvieron la magia de tus ojos, descubrí que al mirarte,

no encajabas en mis sueños,

que cambio el destino,

tan solitaria eterna.

Fue la luna,

tus pupilas, de mirar tan profundo,

que despedían tus posesos sentimientos Escuetos halagos,

entre una rosa y un bolero,

sonaba una canción

de un alma en sufrimiento.

Era asfixia de un amor rancio,

al mirarnos,

una corriente recorrió mi cuerpo

desde la nuca fue bajando

hasta paralizar mis pies,

estática quedé.

Tu plantado firme,

desprendías seguridad

y escondida sensualidad.

Al descuido, rozaste mi rodilla, entrecerré los ojos,

un leve parpadeo,

viste desprenderse mi soledad,

respirar acelerando el corazón,

entre los dientes entraba tu aliento tibio, lo bebía de
tus labios al suspirar,

¡era tan placentero!

Impregnarme de tu olor,

tu mirada ardiente y desenfadada,

era un reto, me retabas,

me provocaste desenlace fatal, terminaste
quemándome la piel, encendiendo una hoguera

que tú solo podías apagar.

Largo el tiempo,

Desenfrenado y grotesco

se volvió amigo del enemigo

fatal del amor; la rutina.

Hoy te recuerdo entre risas y lágrimas

de una despedida en largas ausencias

e interminables silencios...,¿fue la luna?

AGRADECIMIENTOS

Les agradezco a mis hijas su ayuda en tiempo y cariño: Lorena, Karla y Grennys porque sin ellas este poemario no hubiera sido posible.

Conjunto de poemas donde se
puede ver mi parte más personal,
lo más profundo de mi ser
y mi alma desnuda.
En este libro expreso emociones,
sentimientos y sensaciones
que guardo en mi interior
y comparto con el mundo.